Das Ortsklassenverzeichnis

Springer Fachmedien Wiesbaden GmbH

ISBN 978-3-663-12718-5 ISBN 978-3-663-13642-2 (eBook)
DOI 10.1007/978-3-663-13642-2

Verlags-Nr. 712

Ursprünglich erschienen bei Betriebswirtschaftlicher Verlag Dr. Th. Gabler GmbH, Wiesbaden 1963.

Einführung

Das geltende Ortsklassenverzeichnis beruht auf dem nach § 13 Abs. 2 und 3 des Bundesbesoldungsgesetzes von der Bundesregierung mit Zustimmung des Bundesrates erlassenen Verordnungen vom 1. Oktober 1957 (BGBl. II S. 1445), vom 14. Juli 1960 (BGBl. II S. 1877), vom 14. August 1961 (BGBl. II S. 1177), vom 26. April 1962 (BGBl. II S. 202) und vom 24. April 1963 (BGBl. II S. 293). Für die Zuteilung der Orte zu den Ortsklassen sind gem. § 13 BBesG entscheidend: Einwohnerzahl, Durchschnittsraummieten, sonstige örtliche Besonderheiten, wie z. B. die Eigenschaften als Bade-, Kur- oder Fremdenverkehrsort oder als stark industrialisierter Ort sowie die Zugehörigkeit zu einem in sich geschlossenen Wirtschaftsgebiet.

Der Aufstellung des Ortsklassenverzeichnisses werden Richtlinien zugrunde gelegt, die von einer aus Bundestagsabgeordneten aller Fraktionen sowie Vertretern des Bundes, der Länder, der kommunalen Spitzenverbände und des Statistischen Bundesamtes bestehenden Kommission ausgearbeitet worden sind. Sie werden stets mit dem Ziel überarbeitet, eine gegenwartsnahe Beurteilung der für die Ortsklassenzuteilung maßgebenden Merkmale zu ermöglichen. Insbesondere soll der unterschiedlichen Entwicklung der Durchschnittsraummieten der einzelnen Orte seit dem Jahre 1956 — die Durchschnittsraummieten sind inzwischen nicht wieder allgemein statistisch ermittelt worden — durch einen Zuschlag von 0,10 DM für jedes volle über dem Bundesdurchschnitt liegende Prozent ihrer Wohnungszugänge gegenüber dem Jahre 1956 Rechnung getragen werden.

Die mit der 4. Verordnung zur Änderung der Verordnung über die Aufstellung des Ortsklassenverzeichnisses vom 24. 4. 1963 vorgenommenen Höherstufungen von Orten berücksichtigen sowohl die vorstehend bezeichneten Änderungen der Richtlinien als auch der Einwohnerzahlen und sonstiger Merkmale nach dem Stande vom 1. Januar 1961. Bei der Höherstufung von Anlagen und Einrichtungen für Sonderzwecke ist besonders auf die Ausschaltung von Härten Bedacht genommen worden, die sich hierdurch für Gemeinden ergeben können, auf deren Gebiet diese liegen.

Der Geltungsbereich des Ortsklassenverzeichnisses erstreckt sich auf die Behörden und Verwaltungen des Bundes sowie der Länder, auf die Gemeinden, Gemeindeverbände und Körperschaften und Anstalten des öffentlichen Rechts, soweit sie der Landesaufsicht unterstehen. Daneben haben die Tarifverträge für die private Wirtschaft vielfach das Ortsklassenverzeichnis übernommen oder sich daran angelehnt, so daß in diesen Fällen jede Veränderung des Ortsklassenverzeichnisses automatisch auch zu einer Änderung dieser tariflichen Ortsklassen führt.

Das Ortsklassenverzeichnis

(in der ab 1. Januar 1963 gültigen Fassung)

Erläuterung der Abkürzungen

BW	=	Baden-Württemberg
Ba	=	Bayern
Br	=	Bremen
He	=	Hessen
Nds	=	Niedersachsen
NW	=	Nordrhein-Westfalen
Rh	=	Rheinland-Pfalz
Schl	=	Schleswig-Holstein
O	=	Ortsklasse
L	=	Land

Vermerk

Vielfach, insbesondere in Tarifverträgen, werden die Ortsklassen auch mit den arabischen Ziffern 1, 2 und 3 bezeichnet. Die Ortsklasse S entspricht der Ortsklasse 1, die Ortsklasse A der Ortsklasse 2 und die Ortsklasse B der Ortsklasse 3.

Die im Ortsklassenverzeichnis nicht genannten Orte haben die Ortsklasse B.

A	O	L
Aachen	S	NW
Aalen	A	BW
Abbehausen nur Hafen Großensiel	A	Nds
Achern	A	BW
Achim	A	Nds
Achum, Müsingen und Vehlen nur Anlagen der Bundeswehr	A	Nds
Afferde	A	NW
Ahaus	A	NW
Ahlem	A	Nds
Ahlen	A	NW
Ahrbergen nur Anlagen der Bundeswehr	A	Nds
Ahrensburg	S	Schl
Ahrweiler	A	Rh
Ahsen	A	NW
Aibling, Bad	A	Ba
Aichach	A	Ba
Aichelberg	A	BW
Albachten	A	NW
Aldenhoven	A	NW
Aldingen	A	BW
Alfeld	A	Nds
Alflen nur Anlagen der Bundeswehr	A	Rh
Alfter	A	NW
Algertshausen nur Bahnhof und Postamt Aichach	A	Ba
Alkersum	A	Schl

	O	L
Allendorf	A	He
Alsdorf	A	NW
Alsfeld	A	He
Altahlen	A	NW
Altbach	A	BW
Altdorf	A	Ba
Altena	A	NW
Altenau nur Ortsteil Torfhaus	A	Nds
Altenbauna	A	He
Altenbögge-Bönen	A	NW
Altendorf	A	NW
Altendorf-Ulfkotte	A	NW
Altenerding	A	Ba
Altenesch	A	Nds
Altenholz	A	Schl
Altenkirchen	A	Rh
Altenstadt	A	Ba
Altlünen	S	NW
Altschermbeck	A	NW
Altötting	A	Ba
Alzenau	A	Ba
Alzey	A	Rh
Amberg	A	Ba
Amern	A	NW
Ammeloe nur Anlagen der Bundeswehr	A	NW
Andernach	A	Rh
Anderten	A	Nds
Angelmodde	S	NW
Angermund	S	NW
Anrath	A	NW

	O	L
Ansbach	A	Ba
Appen nur Anlagen der Bundeswehr	S	Schl
Archsum	A	Schl
Ardorf nur Anlagen der Bundeswehr	A	Nds
Arnsberg	A	NW
Arnum	A	Nds
Arsbeck	A	NW
Aschaffenburg	S	Ba
Aschau	A	Ba
Asperg	A	BW
Attendorn	A	NW
Augsburg	S	Ba
Augustdorf	A	NW
Aumühle-Billenkamp und Bahnhof	S	Schl
Aurich	A	Nds
Avenwedde	A	NW
Axstedt nur Anlagen der Bundeswehr und der Bundesvermögens- und Bauverwaltung	A	Nds

B

	O	L
Baal	A	NW
Babenhausen	A	NW
Backnang	A	BW
Baden	A	Nds
Baden-Baden	S	BW
Badenweiler	A	BW
Baesweiler	A	NW
Baierbrunn	A	Ba
Balingen	A	BW
Baltrum	A	Nds
Bamberg	A	Ba
Bardenberg nur Knappschaftskrankenhaus	A	NW
Bargteheide	A	Schl
Barkhausen a. d. Porta	A	NW
Barme	A	Nds
Barrien	A	Nds
Barsbüttel	A	Schl
Barsinghausen	A	Nds
Baumholder Gutsbezirk	A	Rh
Bayerisch Gmain	S	Ba
Bayreuth	A	Ba
Bayrischzell	A	Ba
Beckedorf	A	Nds
Beckum, Stadt	A	NW
Bedburg	A	NW
Behringersdorf	A	Ba
Beihingen	A	BW
Belecke	A	NW
Belmbrach nur Anlagen der Bundeswehr	A	Ba
Bemerode	A	Nds
Bendorf	A	Rh
Bensberg	S	NW
Bensheim	A	He
Bentheim	A	Nds
Benzen u. Düshorn nur Anlagen der Bundeswehr	A	Nds
Berchtesgaden	A	Ba
Berchum	A	NW
Berenbostel	A	Nds
Berg	A	Ba
Berge	A	NW
Bergen-Enkheim	A	He
Berghausen	A	BW
Bergheim (Erft)	A	NW
Bergisch-Gladbach	S	NW
Bergisch Neukirchen	A	NW
Bergkamen	A	NW
Bergneustadt	S	NW
Bergzabern	A	Rh
Berkheim	A	BW
Berleburg	A	NW
Berlin	S	
Bernhausen	S	BW
Bernkastel-Kues	A	Rh
Bertrich, Bad	A	Rh
Besigheim	A	BW
Betzdorf	A	Rh
Beuel	S	NW
Beutelsbach	A	BW
Biberach a. d. Riß	A	BW
Biedenkopf	A	He
Bielefeld	S	NW
Bielstein (Rheinland)	A	NW
Biemenhorst	A	NW
Bienrode	A	Nds
Bierden	A	Nds
Bietigheim	A	BW
Bigge	A	NW
Bingen	A	Rh
Bingerbrück	A	Rh
Birkenfeld	A	BW
Birkenfeld	A	Rh
Birkenheide nur der von der Gemeinde Bad Dürkheim eingemeindete Teil	A	Rh
Birkesdorf	A	NW
Bischofsheim	A	He
Bischofswiesen	A	Ba
Bissingen	A	BW
Bitburg	S	Rh
Blankenloch	A	BW
Blankenstein	A	NW
Blumberg	A	BW
Bobingen	A	Ba
Bocholt	S	NW
Bochum	S	NW
Bockum-Hövel	S	NW
Bodendorf	A	Rh
Bodenrod nur LS-Warnamt	A	He
Böblingen	S	BW
Bölhorst	A	NW
Bönningstedt	A	Schl
Börnsen	A	Schl
Bogen	A	Ba
Bogenberg nur Anlagen der Bundeswehr	A	Ba
Bohlsbach nur Rangierbahnhof Offenburg	A	BW
Bolsterlang nur Heilstätte Wasach, Zweigstelle Hirtenstein	A	Ba
Bonn	S	NW
Boostedt nur Anlagen der Bundeswehr	A	Schl
Boppard	A	Rh
Borgentreich	A	NW
Borghorst	A	NW
Borgsum	A	Schl
Bork	A	NW
Borken	A	NW

	O	L
Borkum	A	Nds
Bornheim	A	NW
Bottrop	S	NW
Braam-Ostwennemar	A	NW
Brachelen	A	NW
Brackwede	S	NW
Brake	A	NW
Brake i. L. nur Ortsteile Schloß Brake und Lindenhaus	A	NW
Brake (Unterweser)	A	Nds
Brakel	A	NW
Bramsche	A	Nds
Bramstedt, Bad	A	Schl
Brand	A	NW
Braunlage	A	Nds
Braunschweig	S	Nds
Brauweiler	S	NW
Breckerfeld	A	NW
Bredenscheid-Stüter	A	NW
Breisach	A	BW
nur Ionosphäreninstitut	S	BW
Breitenburg	A	Schl
Breitengüßbach	A	Ba
Breitscheid	A	NW
Brekendorf	A	Schl
Bremen	S	Br
Bremerhaven	S	Br
Bremervörde	A	Nds
Bremscheid nur Lungenheilstätte Waldbreitbach	A	Rh
Bretten	A	BW
Brilon	A	NW
Brinkum	A	Nds
Brockzettel nur Anlagen der Bundeswehr	A	Nds
Broitzen	A	Nds
Bruchsal	A	BW
Bruckhausen	A	NW
Brückenau	A	Ba
Brühl	A	BW
Brühl	A	NW
Brunnthal	A	Ba
Bubenheim nur Anlagen der Bundeswehr	S	Rh
Bubenreuth	A	Ba
Buchen	A	BW
Buchholz	A	Nds
Buchholz	A	NW
Buchschlag	S	He
Buckenhof	A	Ba
Budberg	A	NW
Budenheim nur Schloßgrundstück Waldthausen	S	Rh
Büchel nur Anlagen der Bundeswehr	A	Rh
Bückeburg	A	Nds
Büdelsdorf	A	Schl
Büderich	S	NW
Büdingen	A	He
Bühl	A	BW
Bühlertal	A	BW
Bünde	A	NW
Büren	A	NW
Bürstadt	A	He
Büsum	A	Schl
Büttgen	A	NW
Buisdorf	A	NW
Burg a. d. Wupper	A	NW
Burgau	A	Ba
Burgdorf	A	Nds
Burghausen	A	Ba
Burgkirchen a. d. Alz	A	Ba
Burgsteinfurt	A	NW
Burscheid	A	NW
Buschhütten	A	NW
Butzbach	A	He
Buxtehude	A	Nds

C

	O	L
Calw	A	BW
Castrop-Rauxel	S	NW
Celle	A	Nds
Cham	A	Ba
Clausthal-Zellerfeld	A	Nds
Cloppenburg	A	Nds
Coburg	A	Ba
Cochem	A	Rh
Coesfeld	A	NW
Crailsheim	A	BW
Cuxhaven	A	Nds

D

	O	L
Dachau	A	Ba
Dänischenhagen nur Sendefunkstelle der Bundespost	S	Schl
Dahn	A	Rh
Dahl	A	NW
nur Heilstätte Ambrock	S	NW
Dannenberg	A	Nds
Darmsheim	A	BW
Darmstadt	S	He
Datteln	S	NW
Daun	A	Rh
Deblinghausen nur Anlagen der Bundeswehr	A	Nds
Dedelstorf nur Anlagen der Bundeswehr	A	Nds
Deggendorf	A	Ba
Deizisau	A	BW
Delmenhorst	A	Nds
Denkendorf	A	BW
Denklingen nur Lungenheilstätte	A	NW
Dernau nur THW-Schule	A	Rh
Detmold	A	NW
Dieburg	A	He
Diepholz	A	Nds
Dietrichsfeld nur Anlagen der Bundeswehr	A	Nds
Dietzenbach	A	He
Diez	A	Rh
Dillenburg	A	He
Dillingen a. d. Donau	A	Ba
Dingolfing	A	Ba
Dinkelsbühl	A	Ba
Dinslaken	S	NW
Dittelbrunn	A	Ba
Ditzingen	S	BW
Döffingen	A	BW
Dörnigheim	A	He
nur Wohnplatz Schleuse-Mainkur mit Dienstwohngebäude	S	He
Donaueschingen	A	BW
Donauwörth	A	Ba
Dormagen	S	NW
Dornholzhausen	A	He
Dornstadt nur Anlagen der Bundeswehr	A	BW

	O	L
Dorsten	S	NW
Dortelweil	A	He
Dortmund	S	NW
Dossenheim	A	BW
Doveren	A	NW
Dreieichenhain	A	He
Dreierwalde	A	NW
Dreis-Tiefenbach	A	NW
Driburg, Bad	A	NW
Duderstadt	A	Nds
Dülken	A	NW
Dülmen, Stadt	A	NW
Düren	S	NW
Dürkheim, Bad	A	Rh
Dürwiß	A	NW
Düsseldorf	S	NW
Dützen	A	NW
Duisburg	S	NW
Duisdorf	S	NW
Dunsum	A	Schl

E

	O	L
Eberbach	A	BW
Ebern	A	Ba
Ebersbach	A	BW
Ebersberg	A	Ba
Ebingen	A	BW
Ebnet	A	BW
Eching	A	Ba
Echterdingen	S	BW
Eckernförde	A	Schl
Eckweiler, Ippenschied, Pferdsfeld und Rehbach nur Anlagen der Bundeswehr	A	Rh
Edingen	A	BW
Egelsbach	A	He
Eggebek	A	Schl
Eggenfelden	A	Ba
Ehingen	A	BW
Ehrang	A	Rh
Ehrenstein	A	Ba
Eichen	A	NW
Eichstätt	A	Ba
Eidinghausen	A	NW
Eilendorff	A	NW
Eilsen, Bad	A	Nds
Einbeck	A	Nds
Eiserfeld	A	NW
Eislingen/Fils	A	BW
Eitorf	A	NW
Ellwangen	A	BW
Elmshorn	A	Schl
Elsdorf	A	NW
Elte nur Anlagen der Bundeswehr	A	NW
Emmelshausen	A	Nds
Emmendingen	A	Nds
Emmelndorf	A	Rh
Emmering	A	Ba
Emden	A	BW
Emmerich	A	NW
Emmerzhausen nur Anlagen der Bundeswehr	A	Rh
Empelde	A	Nds
Ems, Bad	A	Rh
Emsdetten	A	NW
Endersbach	A	BW
Engelskirchen	A	NW
Eningen unter Achalm	A	BW
Ennepetal	A	NW
Ennigerloh	A	NW
Ennigloh	A	NW
Epe (Westf.)	A	NW
Eppelheim	A	BW
Eppstein	A	He
Erbach	A	He
Erding	A	Ba
Ergste	A	NW
Erkelenz	A	NW
Erkrath	A	NW
Erlangen	S	Ba
Erzhausen	A	He
Esborn	A	NW
Eschach nur Gemeindeteil Weissenau	A	BW
Eschborn	A	He
nur Funkempfangs- und Kontrollstelle des Funkamtes Frankfurt a. M.	S	He
Escheburg	A	Schl
Eschwege	A	He
Eschweiler	A	NW
Espelkamp	A	NW
Essen, Bad	A	Nds
Essen	S	NW
Esting	A	Ba
Eßlingen a. Neckar	S	BW
Ettal nur Gemeindeteil Linderhof	A	Ba
Ettlingen	A	BW
Euskirchen	A	NW
Eußerthal nur Lungenheilstätte Trifels	A	Rh
Eutin	A	Schl
Eutingen	A	BW
Eyb	A	Ba

F

	O	L
Falkenstein	A	He
Fallersleben	A	Nds
Fallingbostel	A	Nds
Farchant	A	Ba
Faßberg	A	Nds
Faurndau	A	BW
Feldafing	A	Ba
Feldkirchen, Oberhausen und Zell nur Anlagen der Bundeswehr	A	Ba
Feldkirchen (München)	A	Ba
Fellbach	S	BW
Ferndorf	A	NW
Feucht	A	Ba
Fischbach b. Nürnberg ohne Gemeindeteil Birnthon	A	Ba
Fischbach	A	He
Fischbachau	A	Ba
Flaesheim	A	NW
Fleestedt	A	Nds
Flensburg mit Zollamt Flensburg Weiche	A	Schl
Flörsheim	A	He
Flüren	S	NW
Forchheim	A	Ba
Forchheim	A	BW
Frankenbach	A	BW
Frankenberg	A	He
Frankenthal	A	Rh
Frankfurt a. M.	S	He
Frechen	A	NW

	O	L
Freckenhorst	A	NW
Freiburg	S	BW
Freilassing	A	Ba
Freising	A	Ba
Freißenbüttel nur Heilstätte Bredbeck	A	Nds
Freudenstadt	A	BW
Freyung	A	Ba
Friedberg	A	Ba
Friedberg	A	He
Friedrichsdorf	A	He
Friedrichsgabe	A	Schl
Friedrichshafen	S	BW
Friedrichshall	A	BW
Frimmersdorf	A	NW
Fritzlar	A	He
Fröndenberg	A	NW
Fröndsberg nur Lungenheilstätte Frönspert	S	NW
Fröschen nur Bahnhof Pirmasens, Nord	S	Rh
Fuchsstadt nur Anlagen der Bundeswehr	A	Ba
Fürstenfeldbruck	A	Ba
Fürth	S	Ba
Füssen	A	Ba
Fulda	A	He
G		
Gadderbaum	S	NW
Gärmersdorf nur Anlagen der Bundeswehr	A	Ba
Gaggenau	A	BW
Gaildorf	A	BW
Gandersheim, Bad	A	Nds
Garbenheim	A	He
Garching b. München nur Gemeindeteil Hochbrück	S	Ba
Garenfeld	A	NW
Garitz	A	Ba
Garmisch-Partenkirchen	S	Ba
Garstedt	S	Schl
Gauting	A	Ba
Geesthacht	S	Schl
Gehrden	A	Nds
Geilenkirchen	A	NW
Geislingen a. d. Steige	A	BW
Geldern	A	NW
Gelnhausen	A	He
Gelsenkirchen	S	NW
Gennebreck	A	NW
Gerbrunn	A	Ba
Gerderath	A	NW
Geretsried	A	Ba
Gerlingen	S	BW
Germering	A	Ba
Germersheim	A	Rh
Gernsbach	A	BW
Gersthofen	A	Ba
Gescher	A	NW
Geseke	A	NW
Gevelsberg	A	NW
Giebelstadt nur Anlagen der Bundeswehr	A	Ba
Giengen an der Brenz	A	BW
Gießen	S	He
Gifhorn	A	Nds
Gilching	A	Ba
Gillenbeuren nur Anlagen der Bundeswehr	A	Rh

	O	L
Gimborn	A	NW
Ginsheim-Gustavsburg	A	He
Gladbeck	S	NW
Glashütte	A	Schl
Glashütten nur Außenstelle des Funkamtes Frankfurt a. M. und Wetterstation auf dem Kleinen Feldberg	A	He
Glinde	S	Schl
Glücksburg	A	Schl
Glückstadt	A	Schl
Glüsingen	A	NW
Goch	A	NW
Godenstedt nur Anlagen der Bundeswehr	A	Nds
Godesberg, Bad	S	NW
Göggingen	S	Ba
Göppingen	S	BW
Göttingen	A	Nds
Götzenhain	A	He
Gohfeld	A	NW
Gosenbach	A	NW
Goslar	A	Nds
Goting	A	Schl
Gottmadingen	A	BW
Graben	A	Ba
Gräfelfing	S	Ba
Grafenwöhr	A	Ba
Grainau	A	Ba
Grasbrunn	A	Ba
Grassau	A	Ba
Grefrath bei Krefeld	A	NW
Grenzach	A	BW
Greven	A	NW
Grevenbroich	A	NW
Griesheim	A	He
Griesheim nur Autobahnmeisterei Darmstadt	S	He
Gröbenzell	A	Ba
Gröde, Hallig	A	Schl
Grötzingen	A	BW
Gronau i. W.	A	NW
Grone	A	Nds
Großauheim	A	He
Großberghofen	A	Ba
Großburgwedel	A	Nds
Großdornberg	A	NW
Großengstingen nur Anlagen der Bundeswehr	A	BW
Großenkneten nur Anlagen der Bundeswehr sowie Heilstätten Huntlosen und Sannum	A	Nds
Groß-Gerau	A	He
Großhansdorf-Schmalenbeck	S	Schl
Groß-Umstadt	A	He
Grubweg	A	Ba
Grünwald	S	Ba
Gruiten	A	NW
Grundach	A	BW
Güls	A	Rh
Günding	A	Ba
Günzburg	A	Ba
Gürzenich	A	NW
Gütersloh	S	NW
Gummersbach	S	NW
Gunzenhausen	A	Ba
Gustorf	A	NW

H

	O	L
Haan	A	NW
Haar	S	Ba
Haaren	A	NW
Hackenbroich	A	NW
Häverstädt	A	NW
Haffkrug-Scharbeutz	A	Schl
Hagen	S	NW
Hahlen nur Schule Minderheide in Minden	S	NW
Hahnenklee-Bockswiese	A	Nds
Halle (Westf.)	A	NW
Halstenbek	A	Schl
Haltern, Kirchspiel	A	NW
Haltern, Stadt	A	NW
Halver	A	NW
Hambach	A	Rh
Hambühren nur Anlagen der Bundeswehr	A	Nds
Hamburg	S	
Hameln	A	Nds
Hamm (Recklinghausen)	S	NW
Hamm (Westf.) kreisfrei	S	NW
Hammelburg	A	Ba
Hanau	S	He
Handorf	A	NW
nur Anlagen der Bundeswehr	S	NW
Hangelar	S	NW
Hannover	S	Nds
Harheim	A	He
Harksheide	S	Schl
Harsewinkel	A	NW
Harthausen	A	BW
Harzburg, Bad einschl. Bahnhof und Funkstelle Torfhaus	A	Nds
Harwick	A	NW
Hasbergen	A	Nds
Hasselbeck-Schwarzbach	A	NW
Haßfurt	A	Ba
Haßlinghausen	A	NW
Haßloch	A	NW
Hattersheim	A	He
Hattingen	S	NW
Han nur Rhein, Landeskrankenhaus Bedburg-Han	A	NW
Haunstetten	S	Ba
Hausen	A	He
Hausen-Arnsbach nur Sendefunkstelle Usingen der Bundespost	A	He
Havelse	A	Nds
Havighorst b. Reinbeck	A	Schl
Hebertshausen	A	Ba
Hechendorf a. Pilsensee	A	Ba
Hechingen	A	BW
Hechtsheim	A	Rh
nur Anlagen der Bundeswehr	S	Rh
Heddesheim	A	BW
Hedehusum	A	Schl
Heepen	S	NW
Heeren-Werve	A	NW
nur Anlagen der Bundeswehr	S	NW
Heessen	S	NW
Hegnach	A	BW

	O	L
Hehlingen nur Flugsicherungsanlage	A	Nds
Heide	A	Schl
Heidelberg	S	BW
Heidenheim	A	BW
Heikendorf	A	Schl
Heikendorf und Laboe nur Anlagen der Bundeswehr	S	Schl
Heilbronn	S	BW
Heilbrunn, Bad	A	Ba
Heiligenhafen	A	Schl
Heiligenhaus	S	NW
Heilshorn	A	Nds
Heinsberg	A	NW
Heisternacherrott	S	NW
Helgoland	S	Schl
Hellern	A	Nds
Helmbrechts	A	Ba
Helmstedt	A	Nds
Hemden	A	NW
Hemer	A	NW
Hemmingen-Westerfeld	A	Nds
Hengsen	A	NW
Hennef/Sieg	A	NW
Hennen	A	NW
Hennenbach	A	Ba
Henrichenburg	A	NW
Heppenheim	A	He
Herbede	A	NW
Herberm	A	NW
Herbrechtingen	A	BW
Herborn	A	He
Herdecke	S	NW
Herford	S	NW
Herne	S	NW
Heroldsberg	A	Ba
Herongen	A	NW
Herrenalb	A	BW
Herrenberg	A	BW
Herringen	A	NW
Herrmannstein	A	He
Hersbruck	A	Ba
Herrsching	A	Ba
Hersel	A	NW
Hersfeld, Bad	A	He
Herten	S	NW
Herzberg am Harz	A	Nds
Herzogenaurach	A	Ba
Herzogenrath	A	NW
Hesedorf nur Anlagen der Bundeswehr	A	Nds
Hess.-Lichtenau	A	He
Heuchelheim	A	He
Heusenstamm	A	He
Heutingsheim	A	BW
Hilchenbach	A	NW
Hilden	S	NW
Hildesheim	S	Nds
Hillegossen	A	NW
Hiltrup	S	NW
Himmelsthür	A	Nds
Hindelang	A	Ba
Hinterzarten	A	BW
Hittfeld	A	Nds
Hoberge-Uerentrup	A	NW
Hochdahl	A	NW
Hochneukirch	A	NW
Höchberg	A	Ba
Höchstadt a. d. Aisch	A	Ba

	O	L
Höfingen	A	BW
Höhenkirchen	A	Ba
Höhr-Grenzhausen	A	NW
Höngen	A	NW
Hörnum	A	Schl
Hörstel	A	NW
Hösel	S	NW
Hövelhof nur Lager für junge Gefangene und Tbc-Krankenhaus für Justizgefangene in Staumühle	A	NW
Höxter	A	NW
Hof	A	Ba
Hofgeismar	A	He
Hofheim a. Taunus	A	He
Hohegeiß	A	Nds
Hohenacker	A	BW
Hohenbrunn	A	Ba
nur Ortsteil Riemerling und Anlagen der Bundeswehr	S	Ba
Hohenlimburg	A	NW
Hohenlockstedt nur Anlagen der Bundeswehr	A	Schl
Hoisbüttel	A	Schl
Holthausen	A	NW
Holtwick	A	NW
Holzen	A	NW
Holzgerlingen	A	BW
Holzhausen	A	Nds
Holzheim	A	NW
Holzlar	S	NW
Holzminden	A	Nds
Holzwickede	A	NW
Homberg (Niederrhein)	S	NW
Homberg-Bracht-Bellscheidt	A	NW
Homburg v. d. H., Bad	S	He
Honnef, Bad	S	NW
Hooge, Hallig	A	Schl
Hopsten	A	NW
Horb	A	BW
Horneburg	A	NW
Horrem	A	NW
Horst	A	Nds
Hubbelrath	A	NW
Hückelhoven-Ratheim	S	NW
Hückeswagen	A	NW
Hüls	A	NW
Hülscheid	A	NW
Hünfeld	A	He
Hünxe	A	NW
Hürth	A	NW
Hunstadt nur Anlagen des Bundesgrenzschutzes	A	He
Husum	A	Schl

I

	O	L
Ibbenbüren, Land	A	NW
Ibbenbüren, Stadt	A	NW
Icking	A	Ba
Idar-Oberstein	A	Rh
Ihringshausen	A	He
Illertissen	A	Ba
Ilverich	A	NW
Ilvesheim	A	BW
Immendingen	A	BW
Immenstadt i. Allgäu	A	Ba
Immenstedt und Schwesing nur Anlagen der Bundeswehr	A	Schl
Ingelheim	A	Rh
Ingolstadt und Bahnhof Haunwöhr	S	Ba
Ippendorf	S	NW
Iserlohn	S	NW
Isernhagen Niederhägener Bauernschaft	A	Nds
Ismaning	A	Ba
Ittenbach	A	NW
Itzehoe	A	Schl

J

	O	L
Jachenau nur Versuchsanstalt für Wasserbau Obernach	A	Ba
Jagel	A	Schl
Jever	A	Nds
Jüchen	A	NW
Jülich	S	NW
Juist	A	Nds

K

	O	L
Kaan-Marienborn	A	NW
Kaarst	A	NW
Kaiserslautern	S	Rh
Kalbach	A	He
Kaldenkirchen	A	NW
Kamen	A	NW
Kampen	A	Schl
Kamp-Lintfort	S	NW
Kappel nur Bahnhof Kappel Gutachbrücke	A	BW
Kappel und Löffelscheid nur Anlagen der Bundeswehr	A	Rh
Kapellen	S	NW
Kapellen (Erft)	A	NW
Karlsfeld	A	Ba
Karlsruhe	S	BW
Karlstadt	A	Ba
Karlstein	A	Ba
Kassel	S	He
Katzwang	A	Ba
Kaufbeuren	A	Ba
Kehl	A	BW
Keitum	A	Schl
Kelheim	A	Ba
Kelkheim	A	He
Kellen	A	NW
Kelsterbach	A	He
Kemnat	A	BW
Kempen	A	NW
Kempten (Allgäu)	A	Ba
Kettwig	A	NW
Kevelaer	A	NW
Kiel	S	Schl
Kierspe	A	NW
Kindenberg (Allgäu)	A	Ba
Kirchen-Wehbach	A	Rh
Kirchheim unter Teck	A	BW
Kirchheimbolanden	A	Rh
Kirchhellen	A	NW
Kirchweyhe	A	Nds
Kirn	A	Rh
Kissingen, Bad	S	Ba
Kitzingen	A	Ba
Klafeld	A	NW

	O	L
Kleinaitingen nur Anlagen der Bundeswehr	A	Ba
Klein-Auheim	A	He
Klein Heidorn nur Anlagen der Bundeswehr	A	Nds
Klein Stöckheim	A	Nds
Kleinenbroich	A	NW
Kleve	A	NW
Klingenstein	A	BW
Koblenz	S	Rh
Kochel	A	Ba
Kölln-Reisiek nur der von der Stadt Elmshorn eingemeindete Teil	A	Schl
Köln	S	NW
Köngen	A	BW
Königsbrunn	A	Ba
Königstein i. Taunus	A	He
Königswinter	S	NW
Kohlscheid	A	NW
Konstanz	A	BW
Konz	A	Rh
Korb	A	BW
Korbach	A	He
Korntal	S	BW
Kornwestheim	S	BW
Korschenbroich	A	NW
Krailling	A	Ba
Krechting	A	NW
Krefeld	S	NW
Kreuth	A	Ba
Kreuznach, Bad	S	Rh
Kreuztal	A	NW
Kriftel	A	He
Kronach	A	Ba
Kronberg (Taunus)	A	He
Kronshagen	S	Schl
Kropp nur Anlagen der Bundeswehr	A	Schl
Krozingen, Bad	A	BW
Kruft und Niedermending nur Anlagen der Bundeswehr	A	Rh
Krün	A	Ba
Krumbach	A	Ba
Kuchenheim	A	NW
Künzelsau	A	BW
Kulmbach	A	Ba
Kusel	A	Rh

L

	O	L
Laatzen	A	Nds
Ladenburg	A	BW
Lage	A	NW
Lahr	A	BW
Laiz nur Anlagen der Bundeswehr	A	BW
Lampertheim	A	He
Landau i. d. Pfalz	A	Rh
Landsberg a. Lech	A	Ba
Landshut	A	Ba
Landstuhl	A	Rh
Langen	A	He
Langen	A	Nds
Langenberg	A	NW
Langendamm	A	Nds
Langeneß, Hallig	A	Schl
Langenfeld	A	NW
Langengeisling	A	Ba
Langenhagen	S	Nds
Langeoog	A	Nds
Langst-Kierst	A	NW
Langwarden	A	Nds
Langweid a. Lech	A	Ba
Lank-Latum	A	NW
Lauenburg/Elbe	A	Schl
Lauf (Pegnitz)	A	Ba
Lauingen (Donau)	A	Ba
Laurensberg	S	NW
Lauterbach	A	He
Lauterberg, Bad	A	Nds
Leck	A	Schl
Leer	A	Nds
Leeste	A	Nds
Lehen	A	BW
Lehrte	A	Nds
Leichlingen (Rhld.)	A	NW
Leimen	A	BW
Leinfelden	S	BW
Leipheim	A	Ba
Leitershofen	A	Ba
Lemgo	A	NW
Lendringsen	A	NW
Lengerich	A	NW
Lengsdorf	S	NW
Leonberg	A	BW
Leopoldshafen nur Kernforschungszentrum Karlsruhe	S	BW
Lethmathe	A	NW
Letter	A	Nds
Leuchtenburg	A	Nds
Leverkusen	S	NW
Lichtendorf	A	NW
Lichtenfels	A	Ba
Liedberg	A	NW
Ließem	A	NW
Lilienthal	A	Nds
Limburg a. d. Lahn	A	He
Lindau (Bodensee)	A	Ba
Linderhausen	A	NW
Lindlar	A	NW
Lingen	A	Nds
Lintelermarsch	A	Nds
Lintorf	S	NW
Linz a. Rhein	A	Rh
Lippramsdorf	A	NW
Lippspringe, Bad	A	NW
Lippstadt	A	NW
List	A	Schl
Lobberich	A	NW
Löhnhorst	A	Nds
Lörrach	A	BW
Lövenich	S	NW
Löwenstein nur Tuberkulose-Sanatorium	A	BW
Lohe	A	NW
Lohfelden	A	He
Lohfelden nur Verstärkeramt der Bundespost	S	He
Lohheide, gemeindefreier Bezirk	A	Nds
Lohmar	A	NW
Lohne	A	Nds
Lohr a. Main	A	Ba
Lowick	A	NW
Ludwigsburg	S	BW
Ludwigshafen	S	Rh
Lübbecke	A	NW
Lübeck	S	Schl

	O L
Lüchow	A Nds
Lüdenscheid, Land	A NW
Lüdenscheid, Stadt einschl. Kreiskrankenhaus und Lungenheilstätte Hellersen	S NW
Lüdinghausen	A NW
Lülsdorf	A NW
Lüneburg	A Nds
Lünen	S NW
Lüstringen	A Nds

M

Magstadt	A BW
Maichingen	A BW
Mainflingen nur Sendefunkstelle der Bundespost	A He
Mainz	S Rh
Maisach	A Ba
Maising nur Anlagen der Bundeswehr	A Ba
Malente	A Schl
Mammolshain	A He
Manching	A Ba
Mannheim mit Bahnhof Friedrichsfeld (Bad), Nord	S BW
Mansbach nur Nebenstelle der Bundesanstalt für Flugsicherung	A He
Marbach am Neckar	A BW
Marbach	A He
Marburg a. d. Lahn	A He
Mariaweiler-Hoven	A NW
Marienheide	A NW
Markgröningen	A BW
Marktheidenfeld	A Ba
Marktoberdorf	A Ba
Marktredwitz	A Ba
Marl	S NW
Marquartstein	A Ba
Marzell nur Heilstätten Friedrichsheim-Luisenheim (Badenweiler)	A BW
Marzoll	A Ba
Maschen	A Nds
Massen	A NW
Maulbronn	A BW
Mayen	A Rh
Maxhütte-Haidhof	A Ba
Meckelfeld	A Nds
Meersburg	A BW
Meinberg, Bad	A NW
Meindorf	A NW
Meinerzhagen	A NW
Meldorf	A Schl
Melle	A Nds
Mellrichstadt	A Ba
Melsungen	A He
Memmelsdorf	A Ba
Memmingen	A Ba
Memmingerberg	A Ba
Menden (Iserlohn)	A NW
Menden (Sieg)	A NW
Mengershausen und Rosdorf nur Niedersächsisches Landeskrankenhaus Tiefenbrunn	A Nds
Meppen	A Nds
Mergentheim, Bad	A BW
Merkstein	A NW

	O L
Merzhausen	A BW
Meschede, Stadt	A NW
Methler	A NW
Mettingen	A NW
Mettmann	A NW
Metzendorf	A Nds
Metzkausen	A NW
Metzingen	A BW
Michelstadt	A He
Middels nur Anlagen der Bundeswehr	A Nds
Midlum	A Schl
Miesbach	A Ba
Miltenberg	A Ba
Minden	S NW
Mindelheim	A Ba
Misburg	A Nds
Mittenwald	S Ba
Möglingen	A BW
Mölln	A Schl
Mönchengladbach	S NW
Mönkeberg	A Schl
Mörel nur LS-Warnamt	A Schl
Mörfelden	A He
Moers	S NW
Molfsee	S Schl
Monheim	A NW
Monschau	A NW
Moosburg	A Ba
Mosbach	A BW
Montabaur	A Rh
Morsum	A Schl
Mudersbach nur Gemeindeteil Niederschelderhütte	A Rh
Mühlacker	A BW
Mühldorf	A Ba
Mühlhausen	A Ba
Mühlheim am Main	A He
Mülheim a. d. Ruhr	S NW
Müllheim	A BW
Münchberg	A Ba
München	S Ba
Münchingen	A BW
Münden (Hann. Münden)	A Nds
Münnerstadt	A Ba
Münsingen	A BW
Münsingen gemeindefreier Bezirk	A BW
Münster	S NW
Münster a. Stein, Bad	S Rh
Münsterdorf nur Funkkontrollmeßstelle und Kreisaltersheim Itzehoe	A Schl
Münstereifel	A NW
Munster	A Nds
Murnau	A Ba
Murrhardt	A BW
Musberg	A BW
Mussum	A NW
Myhl	A NW

N

Nachrodt-Wiblingwerde	A NW
Nagold	A BW
Nahne	A Nds
Naila	A Ba
Nauborn	A He
Nauheim, Bad	S He
Naunheim	A He
Nebel	A Schl

	O	L
Neckargemünd	S	BW
Neckarhausen	A	BW
Neckarsteinach	A	He
Neckarsulm	A	BW
Neckarweihingen	A	BW
Neersen	A	NW
nur die von der kreisfreien Stadt Mönchengladbach eingemeindeten Teile	S	NW
Neheim-Hüsten	A	NW
Nellingen auf den Fildern	A	BW
Nenndorf, Bad	A	Nds
Neubeckum	A	NW
Neuburg a. d. Donau	A	Ba
Neuenahr, Bad	A	Rh
Neuenhain	A	He
Neuenkirchen	A	Nds
Neuenrade	A	NW
Neufahrn b. Freising	A	Ba
Neuhausen auf den Fildern	A	BW
Neuhof	A	Nds
Neu-Isenburg	S	He
Neukirchen	A	NW
Neukirchen-Vluyn	A	NW
Neumarkt i. d. OPf.	A	Ba
Neumünster	A	Schl
Neunkirchen a. Sand	A	Ba
Neuötting	A	Ba
Neurath	A	NW
Neureut	S	BW
Neuried	A	Ba
Neusäß	S	Ba
Neuses	A	Ba
Neuß	S	NW
Neustadt (Hochschwarzwald)	A	BW
Neustadt (Waiblingen)	A	BW
Neustadt b. Coburg	A	Ba
Neustadt a. d. Aisch	A	Ba
Neustadt a. d. Saale, Bad	A	Ba
Neustadt a. Rbge.	A	Nds
Neustadt a. d. Weinstraße	A	Rh
Neustadt i. Holstein	A	Schl
Neustadt nur Anlagen der Bundeswehr	A	He
Neutraubling	A	Ba
Neu-Ulm	S	Ba
Neuwied	A	Rh
Neuwildflecken	A	Ba
Neviges	A	NW
Nieblum	A	Schl
Niebüll	A	Schl
Niederaden	A	NW
Niederau	A	NW
Niederbachem	A	NW
Niederbreisig, Bad	A	Rh
Niederdollendorf	S	NW
Nieder-Erlenbach	A	He
Nieder-Eschbach	A	He
Niederhöchstadt	A	He
Niederkassel	A	NW
Niederkaufungen nur der von der Stadt Kassel eingemeindete Teil und Bahnhof Papierfabrik	S	He
Niederkleis	A	NW
Niederlahnstein	A	Rh
Niederleierndorf und Schierling nur Anlagen der Bundeswehr	A	Ba
Niedermarsberg	A	NW

	O	L
Niedermendig	A	Rh
Niedernetphen	A	NW
Nieder-Ramstadt	A	He
Niederreifenberg nur Außenstelle des Funkamtes Frankfurt a. M.	A	He
Niederschelden	A	NW
Niedersprockhövel	A	NW
Niederstetten nur Anlagen der Bundeswehr	A	BW
Niedervellmar	A	He
Nienberge	A	NW
Nienburg	A	Nds
Nierst	A	NW
Nievenheim	A	NW
Nördlingen	A	Ba
Nörvenich	A	NW
Norddorf	A	Schl
Norden	A	Nds
Nordenham	A	Nds
Norderney	A	Nds
Nordhorn	A	Nds
Nordkirchen nur Landesfinanzschule Nordrhein-Westf.	A	NW
Nordstrandischmoor, Hallig	A	Schl
Norf	A	NW
Northeim	A	Nds
Nürnberg	S	Ba
Nürtingen	A	BW
Nußdorf	A	BW

O

	O	L
Oberaden	S	NW
Oberammergau	A	Ba
Oberasbach	A	Ba
Oberaußem-Fortuna	A	NW
Oberbruch	A	NW
Oberdollendorf	S	NW
Ober-Eschbach	A	He
Oberfischbach	A	Ba
Oberhaching	A	Ba
Oberhausen	S	NW
Oberkassel	S	NW
Oberkirch	A	BW
Oberkochen	A	BW
Oberlahnstein	A	Rh
Oberliederbach	A	He
Obermeitingen nur Anlagen der Bundeswehr	A	Ba
Obernau nur Aufsichtsbezirk und Bauhof der Wasser- und Schiffahrtsverwaltung	A	Ba
Oberndorf am Neckar	A	BW
Obernetphen	A	NW
Oberpfaffenhofen nur Anlagen der Bundeswehr und Flugfunkforschungsinstitut	S	Ba
Oberschleißheim	A	Ba
nur Gemeindeteil Oberschleißheim und Versuchs- und Ausbildungsstätte für Strahlenschutz in Neuherberg	S	Ba
Oberstdorf	A	Ba
Oberstedten	A	He
Oberstimm	A	Ba
Obertshausen	A	He
Oberursel (Taunus)	S	He

	O	L
Oberviechtach	A	Ba
Obrighoven-Lackhausen	A	NW
Ochsenfurt	A	Ba
Ochtersum	A	Nds
Ochtrup	A	NW
Odenthal	A	NW
Oedt nur der von der Stadt Süchteln eingemeindete Teil	A	NW
Öffingen	A	BW
Öhringen	A	BW
Oelde	A	NW
Oer-Erkenschwick	S	NW
Oevenum	A	Schl
Oeynhausen, Bad	S	NW
Offenbach a. M.	S	He
Offenburg	A	BW
Offenthal	A	He
Oftersheim	A	BW
Oker	A	Nds
Okriftel	A	He
Oland, Hallig	A	Schl
Olching	A	Ba
Oldenburg	S	Nds
Oldenburg (Holstein)	A	Schl
Oldentrup	A	NW
Oldesloe, Bad	A	Schl
Oldsum-Klintum	A	Schl
Olpe	A	NW
Olsberg	A	NW
Opherdicke nur Anlagen der Bundeswehr	A	NW
Opladen	S	NW
Oppenheim	A	Rh
Orb, Bad	A	He
Orsoy	A	NW
Osnabrück	S	Nds
Ossum-Bösinghoven	A	NW
Osterhagen-Ihlpohl	A	Nds
Osterheide, gemeindefreier Bezirk	A	Nds
Osterholz-Scharmbeck	A	Nds
Osterath	A	NW
Osterode am Harz	A	Nds
Oststeinbek	A	Schl
Otterndorf	A	Nds
Ottobrunn	S	Ba
Ovelgönne (Kreis Harburg)	A	Nds
Ovelgönne (Kreis Wesermarsch) nur Bahnhof Klippkanne der Wasser- und Schiffahrtsverwaltung	A	Nds
Overath	A	NW
Oyten	A	Nds
Oyterdamm	A	Nds

P

Paderborn	S	NW
Pähl nur LS-Warnamt	A	Ba
Panker	A	Schl
Papenberg	A	Nds
Parsdorf	A	Ba
Passau	A	Ba
Pech	A	NW
Pegnitz	A	Ba
Peine	A	Nds
Peißenberg	A	Ba
Pelkum	A	NW
Pellworm	A	Schl
Penzberg	A	Ba
Penzing	A	Ba
Pesch	A	NW
Pfaffenhausen nur Anlagen der Bundeswehr	A	Ba
Pfaffenhofen a. d. Ilm	A	Ba
Pfalzel	A	Rh
Pfarrkirchen	A	Ba
Pforzheim	S	BW
Pfuhl	A	Ba
Pfullingen	A	BW
Pfungstadt	A	He
nur Anlagen der Bundeswehr	S	He
Piding	A	Ba
Pinneberg	S	Schl
Pirmasens	S	Rh
Planegg	S	Ba
Plankstadt	A	BW
Platjenwerbe	A	Nds
Plattenhardt	A	BW
Plettenberg	A	NW
Pliening	A	Ba
Plochingen	A	BW
Plön	A	Schl
Pöching	A	Ba
Pöring	A	Ba
Poing,	A	Ba
nur Bayer. Landesanstalt für Tierzucht in Grub	A	Ba
Pollhöfen nur Wohnplatz Falkenberg	A	Nds
Polsum	A	NW
Poppenweiler	A	BW
Porz a. Rhein	S	NW
Preetz	A	Schl
Prien a. Chiemsee	A	Ba
Prüm	A	Rh
Puchheim	A	Ba
Pulheim	A	NW
Pullach	S	Ba
Pyrmont, Bad	A	Nds

Q

Quadrath-Ichendorf	A	NW
Quelle	A	NW
Quickborn	A	Schl

R

Radevormwald	A	NW
Radolfzell	A	BW
Rain	A	Ba
Ramstein	A	Rh
Randersacker	A	Ba
Randerath	A	NW
Rantum	A	Schl
Rastatt	S	BW
Rastede nur Anlagen der Bundeswehr	A	Nds
Ratekau	A	Schl
Ratingen	A	NW
Ratzeburg	A	Schl
Raunheim	A	He
Rausdorf	A	Schl
Rautheim	A	Nds
nur Anlagen der Bundeswehr	S	Nds
Ravensburg	A	BW
Rechberghausen	A	BW
Recklinghausen	S	NW
Regen	A	Ba
Regensburg	S	Ba

	O	L
Rehau	A	Ba
Rehburg, Bad nur Abteilung des Niedersächsischen Landeskrankenhauses Wunstorf	A	Nds
Rehme	A	NW
Reichenau nur Bahnhof, Heil- und Pflegeanstalt, Landesgewerbeschule für das Hotel- und Gaststättengewerbe sowie Schule „Waldsiedlung" (Konstanz)	A	BW
Reichenbach a. d. Fils	A	BW
Reichenhall, Bad	S	Ba
Reinbek	S	Schl
Rellingen	A	Schl
Remagen	A	Rh
Remblinghausen nur Heilstätte Ruhrknappschaft	A	NW
Remscheid	S	NW
Rendsburg	A	Schl
Rengershausen nur Anlagen der Bundeswehr	S	He
Renningen	A	BW
Reutlingen	S	BW
Rheda	A	NW
Rhede	A	NW
Rheinbach	A	NW
Rheinberg	S	NW
Rheinbölten nur Anlagen der Bundeswehr	A	Rh
Rheine, Stadt	A	NW
Rheine links der Ems nur Anlagen der Bundeswehr	A	NW
Rheine rechts der Ems nur Anlagen der Bundeswehr	A	NW
Rheinfelden	A	BW
Rheinhausen	S	NW
Rheinkamp	S	NW
Rheydt	S	NW
Rhynern	A	NW
Richterich	A	NW
Rinteln	A	Nds
Ritterhude	A	Nds
Rockenhausen	A	Rh
Roding	A	Ba
Röddenau und Wiesenau nur Anlagen der Bundeswehr	A	He
Röllinghausen	A	Nds
Rösrath	A	NW
Röttgen	A	NW
Rommelshausen	A	BW
Rondorf	S	NW
Rosellen	A	NW
Rosengarten	A	He
Rosenheim mit Bahnwärterposten I der Linie Rosenheim—Salzburg	A	Ba
Rotenburg	A	Nds
Rotenburg a. d. Fulda	A	He
Roth b. Nürnberg	A	Ba
Rothenburg ob der Tauber	A	Ba
Rottach-Egern	A	Ba
Rottenburg	A	BW
Rottendorf	A	Ba
Rottweil	A	BW
Roxel	A	NW

	O	L
Rückersdorf	A	Ba
Rüdesheim a. Rhein	A	He
Ründeroth	A	NW
Rüningen	A	Nds
Rünthe	A	NW
Rüsselsheim	S	He
Ruhpolding	A	Ba
Ruit	S	NW
Rumeln-Kaldenhausen	A	BW
Ruppichteroth	A	NW
Russee	A	Schl
Rutesheim	A	BW

S

	O	L
Saarburg	A	Rh
Saarland, sämtliche Orte	S	
Sachsa, Bad	A	Nds
Säckingen	A	BW
Sagehorn	A	Nds
Salzdetfurth, Bad	A	Nds
Salzgitter	S	Nds
Salzkotten	A	NW
Salzschlirf, Bad	A	He
Salzuflen, Bad	A	NW
Sande, nur Oldenburgisches Landeskrankenhaus Sanderbusch	A	Nds
Sandershausen	A	He
Sandhausen	A	BW
Sandhorst nur Kreiskrankenhaus Sandhorst einschl. Tbc-Sanatorium Tannenhausen	A	Nds
Sankt Andreasberg nur Grenzaufsichtsstelle St. Andreasberg-Oderbrück	A	Nds
Sankt Blasien	A	BW
Sankt Georgen	A	BW
Sankt Goar	A	Rh
Sankt Ilgen	A	BW
Sankt Mauritz	A	NW
Sankt Peter	A	Schl
Sankt Tönis	A	NW
Sarstedt	A	Nds
Saulgau	A	BW
Seedorf nur Anlagen der Bundeswehr	A	Nds
Seehausen	A	Ba
Seehausen	A	Nds
Seelze	A	Nds
Seesen	A	Nds
Segeberg, Bad	A	Schl
Sehnde	A	Nds
Selb	A	Ba
Selm	A	NW
Senden	A	Ba
Sengwarden nur Anlagen der Bundeswehr	S	Nds
Senne I	A	NW
Senne II	S	NW
Sennfeld	A	Ba
Setterich	A	NW
Siegburg	S	NW
Siegburg-Mülldorf	A	NW
Siegelsbach nur Anlagen der Bundeswehr	A	BW
Siegen	S	NW
Siegertsbrunn nur Anlagen der Bundeswehr	S	Ba
Sieglar	A	NW
Sielmingen	A	BW

	O	L
Siersdorf	A	NW
Sigmaringen	A	BW
Silschede	A	NW
Simmern (Hunsrück)	A	Rh
Simmern nur Anlagen der Bundeswehr	A	Rh
Simmerhausen nur Altersheim der Stadt Kassel und Reinhardswaldschule	S	He
Sindelfingen	S	BW
Singen (Hohentwiel)	A	BW
Sinnersdorf	A	NW
Sinsheim	A	BW
Sinzig	A	Rh
Sipplingen nur Seepumpwerk	A	BW
Sobernheim	A	Rh
Soden, Bad	A	He
Söcking	A	Ba
Soest	A	NW
Solingen	S	NW
Soltau	A	Nds
Sonthofen	A	Ba
Spaden	A	Nds
Spaichingen	A	BW
Sparrieshoop nur Funksendestelle Elmshorn	A	Schl
Speicher	A	Rh
Spexard	A	NW
Speyer	A	Rh
Spiekeroog	A	Nds
Sprendlingen	A	He
Springe	A	Nds
Sprockhövel	A	NW
Suchsdorf	A	Schl
Süchteln	A	NW
Süderende	A	Schl
Süderneuland I	A	Nds
Süderoog, Hallig	A	Schl
Südfall, Hallig	A	Schl
Sümmern	A	NW
Sülfeld nur Tuberkulose-Forschungsinstitut Borstel	A	Schl
Süßen	A	BW
Sulzbach	A	He
Sulzbach a. Ts. nur Funkempfangs- und Kontrollstelle des Funkamtes Frankfurt a. M.	S	He
Sulzbach-Rosenberg	A	Ba
Sundern	A	NW
Suttrop nur Heilanstalt und Bahnhof Warstein	A	NW
Syke	A	Nds

Sch

	O	L
Schaafhausen nur Anlagen des Bundesgrenzschutzes	A	Nds
Schäftlarn	A	Ba
Schaephuysen nur Funkkontrollmeßstelle Krefeld	A	NW
Schalksmühle	A	NW
Scharmbeckstotel	A	Nds
Scharnhausen	A	BW
Schenefeld	A	Schl
Schiefbahn	A	NW
Schiffdorf	A	Nds
Schifferstadt	A	Rh
Schlangenbad nur Wohnplatz Georgenborn	A	He
Schleiden	A	NW
Schleswig	A	Schl
Schliersee	A	Ba
Schloß Neuhaus	A	NW
Schlüchtern	A	He
Schmallenberg	A	NW
Schmiden	A	BW
Schneidhain	A	He
Schneizelreuth nur Anlagen der Bundeswehr	S	Ba
Schönaich	A	BW
Schönau	A	Ba
Schönberg (Taunus)	A	He
Schönbrunn	A	Ba
Schöningen	A	Nds
Schönningstedt	A	Schl
Schötmar	A	NW
Schongau	A	Ba
Schopfheim	A	BW
Schorndorf	A	BW
Schortens	A	Nds
Schramberg	A	BW
Schriesheim	A	BW
Schrobenhausen	A	Ba
Schwabach	A	Ba
Schwabmünchen	A	Ba
Schwäbisch Gmünd	A	BW
Schwäbisch Hall	A	BW
Schwaig	A	Ba
Schwaikheim	A	BW
Schwalbach, Bad	A	He
Schwalbach a. Ts.	A	He
nur Funkempfangs- und Kontrollstelle des Funkamtes Frankfurt a. M.	S	He
Schwandorf i. Bay.	A	Ba
Schwanewede	A	Nds
Schwangau	A	Ba
Schwartau, Bad	A	Schl
Schwarzenbach a. d. Saale	A	Ba
Schwarzenborn nur Anlagen der Bundeswehr	A	He
Schwedeneck nur Anlagen der Bundeswehr	A	Schl
Schweinfurt	S	Ba
Schwelm	S	NW
Schwenningen a. Neckar	A	BW
Schwerte	A	NW
Schwetzingen	A	BW
Schwieberdingen	A	BW

St

	O	L
Stade	A	Nds
Stadeln	A	Ba
Stadtbergen	S	Ba
Stadthagen	A	Nds
Stadtlohn	A	NW
Stadtsteinach	A	Ba
Stadum	A	Schl
Staffelstein	A	Ba
Stapelfeld	A	Schl
Starnberg	A	Ba
Steben	A	Ba
Stein	A	Ba
Steinbach-Trüdingen gemeindefreies Gebiet nur LS-Warnamt	A	Ba
Steindorf	A	He
Steinebach a. Wörthsee	A	Ba
Steinenbronn	A	BW

	O	L
Steinhagen	A	NW
Steinheim	A	He
Stendorf	A	Nds
Stenern	A	NW
Steppach	A	Ba
Stetten am kalten Markt	A	BW
Stetten im Remstal	A	BW
Stetten auf den Fildern	A	BW
Stetternich	A	NW
nur Atomforschungsanlage	S	NW
Steyerberg nur Anlagen der Bundeswehr	A	Nds
Stierstadt	A	He
Stockach	A	BW
Stockelsdorf	A	Schl
Stockum	A	NW
Stolberg (Rhld.)	A	NW
Stommeln	A	NW
Strande nur Anlagen der Bundeswehr	A	Schl
Straubing	A	Ba
Strümp	A	NW
Stuhr	A	Nds
Stukenbrock nur Sozialwerk	A	NW
Stuttgart	S	BW

T

	O	L
Tailfingen	A	BW
Tamm	A	BW
Tannenhausen nur Anlagen der Bundeswehr	A	Nds
Tarp	A	Schl
Tauberbischofsheim	A	BW
Taufkirchen	A	Ba
Tecklenburg	A	NW
Tegernsee	A	Ba
Telgte, Kirchspiel	A	NW
nur Anlagen der Bundeswehr	S	NW
Telgte, Stadt	A	NW
Tettnang	A	BW
Tiefenbach b. Oberstdorf nur Heilstätte Wasach	A	Ba
Tiengen (Oberrhein)	A	BW
Timmendorferstrand	A	Schl
Tinnum	A	Schl
Tirschenreuth	A	Ba
Titisee	A	BW
Tölz, Bad	S	Ba
Tönisberg	A	NW
Toftum	A	Schl
Tornesch	A	Schl
Traben-Trarbach	A	Rh
Traisa	A	He
Traßlberg nur Bahnhof Luitpoldhütte	A	Ba
Traunreut	A	Ba
Traunstein	A	Ba
Triberg	A	BW
Trier	S	Rh
Troisdorf	S	NW
Trossingen	A	BW
Trostberg	A	Ba
Trupbach	A	NW
Tübingen	S	BW
Türnich	A	NW
Tuttlingen	A	BW
Tutzing	A	Ba

U

	O	L
Übach-Palenberg	A	NW
Überlingen	A	BW
Übersee	A	Ba
Uelzen	A	NW
Uesen	A	Nds
Uetersen	A	Schl
Uffenheim	A	Ba
Uhingen	A	BW
Ulm	S	BW
Ulmen nur Anlagen der Bundeswehr	A	Rh
Unna	S	NW
Unterbiberg	S	Ba
Unterböhringen nur Kreiskrankenhaus Kuchberg (Geislingen a. d. Steige)	A	BW
Unterdürrbach	A	Ba
Unterföhring	A	Ba
Unterhaching	S	Ba
Untermeitingen nur Anlagen der Bundeswehr	A	Ba
Unterpfaffenhofen	A	Ba
Unterschleißheim	A	Ba
Uphusen	A	Nds
Urach	A	BW
Usingen	A	He
Uslar	A	Nds
Utersum	A	Schl

V

	O	L
Vaihingen an der Enz	A	BW
Varel, Stadt	A	Nds
Varel, Land nur Anlagen der Bundeswehr	A	Nds
Vechta	A	Nds
Veitsbronn	A	Ba
Veitshöchheim	A	Ba
Velbert	S	NW
Verden	A	Nds
Versbach	A	Ba
Viernheim	A	He
Viersen	A	NW
Vilbel, Bad	A	He
Villingen i. Schwarzwald	A	BW
Vilsbiburg	A	Ba
Vilshofen	A	Ba
Vinnhorst	A	Nds
Vöhringen	A	Ba
Vöhrum nur der von der Stadt Peine eingemeindete Teil	A	Nds
Voerde (Niederrhein)	S	NW
Vohenstrauß	A	Ba
Volkmarode	A	Nds
Volmarstein	S	NW
Vormeppen nur Anlagen der Bundeswehr sowie große und kleine Schleuse Meppen	A	Nds
Vorsfelde	A	Nds
Voxtrup	A	Nds
Vreden	A	NW

W

	O	L
Wachenbuchen	A	He
Wahlstadt	A	Schl
Waiblingen	A	BW
Waldbauer	S	NW
Waldbröl	A	NW

	O	L
Waldenbuch	A	BW
Waldfischbach	A	Rh
Waldkreiburg	A	Ba
Waldkirch	A	BW
Waldniel	A	NW
Waldshut	A	BW
Walkenried	A	Nds
Walldorf	A	He
Walldürn	A	BW
Walsrode	A	Nds
Walsum	S	NW
Waltenhofen nur Bahnhof Kempten-Hegge	A	Ba
Waltrop	S	NW
Wangen i. Allgäu	A	BW
Wangerooge	A	Nds
Wanne-Eickel	S	NW
Wannweil	A	BW
Warburg	A	NW
Warendorf	A	NW
Warstein	A	NW
Wassenberg	A	NW
Wasseralfingen	A	BW
Wasserburg a. Inn	A	Ba
Wasserkurl	A	NW
Wattenscheid	S	NW
Wattweiler nur Anlagen der Bundeswehr	S	Rh
Weddinghofen	A	NW
Wedel	S	Schl
Weding	A	Schl
Weende	A	Nds
Weener	A	Nds
Weeze	A	NW
Wegberg	S	NW
Wehr	A	BW
Weiden	A	Ba
Weidenau (Sieg)	S	NW
Weil a. Rhein	A	BW
Weilburg	A	He
Weilheim	A	Ba
Weilheim nur Landesschule Kressbach des Bundesluftschutzverbandes	S	BW
Weingarten	A	BW
Weinheim	A	BW
Weinsberg	A	BW
Weißenburg i. Bay.	A	Ba
Weiskirchen	A	He
Weißkirchen	A	He
Weißenthurm	A	Rh
Weisweiler	A	NW
Weiterstadt	A	He
Welper	S	NW
Welzheim	A	BW
Wenden	A	Nds
Wendlingen	A	BW
Wengern	A	NW
Wennigsen am Deister	A	Nds
Wenningstedt	A	Schl
Wentorf, Amtsbezirk Wentorf	S	Schl
Werdohl	A	NW
Werl	A	NW
Wermelskirchen	A	NW
Wernau (Neckar)	A	BW
Werne a. d. Lippe	S	NW
Werries	A	NW
nur der von der Stadt Hamm eingemeindete Teil	S	NW
Werste	A	NW
Wertheim	A	BW
Wesel	S	NW
Wesendorf nur Anlagen der Bundeswehr	A	Nds
Wesseling	S	NW
Westerburg	A	Rh
Westerholt	S	NW
Westerland	A	Schl
Westermarsch II nur Küstenfunkstelle Norddeich-Radio	A	Nds
Westerstede	A	Nds
Westertimke nur Anlagen der Bundeswehr	A	Nds
Westerweyhe nur Anlagen der Bundeswehr	A	Nds
Weßling	A	Ba
Westheim b. Augsburg	A	Ba
Westhofen	A	NW
Westick (b. Kamen)	A	NW
Westtünnen	A	NW
nur der von der Stadt Hamm eingemeindete Teil	S	NW
Wetter (Ruhr)	S	NW
Wetzlar	S	He
Wevelinghoven	A	NW
Wickede	A	NW
Wickrath	A	NW
Wieda	A	Nds
Wiedenbrück	A	NW
Wiehl	A	NW
nur Ortsteil Neudieringhausen	S	NW
Wiesbaden	S	He
Wiescherhöfen	A	NW
nur Bahnhof Hamm (Westf.) Rbf.	S	NW
Wiesloch	A	BW
Wiessee, Bad	A	Ba
Wildbad	A	BW
Wildenrath	A	NW
Wildeshausen nur Heilstätte und Anlagen der Bundeswehr	A	Nds
Wildflecken	A	Ba
Wildungen, Bad	A	He
Wilhelmshaven	S	Nds
Willich	A	NW
Willinghusen	A	Schl
Windsheim, Bad	A	Ba
Winhöring nur Bahnhof Neuötting und Postamt Neuötting II	A	Ba
Winkelhaid	A	Ba
Winkels	A	Ba
Winnenden	A	BW
Winsen a. d. Luhe	A	Nds
Winterberg	A	NW
Winz	A	NW
Wipperfürth	A	NW
Wissen	A	Rh
Witsum	A	Schl
Wittdün	A	Schl
Witten	S	NW
Wittingen	A	Nds
Wittlaer	A	NW
Wittlich	A	Rh
Wittmund	A	Nds
Witzenhausen	A	He
Witzhelden	A	NW

Wölbattendorf	
nur Wetterstation Hof	A Ba
Wörishofen, Bad	A Ba
Wohltorf	S Schl
Wolbeck	A NW
Wolfach	A BW
Wolfenbüttel	A Nds
Wolfgang	A He
Wolfhagen	A He
Wolfratshausen	A Ba
Wolfsburg	S Nds
Wolkersdorf	A Ba
Woltersdorf	
nur Überseefunk-	
empfangsstelle Lüchow	A Nds
Worms	A Rh
Worzeldorf	A Ba
Wrixum	A Schl
Wülfrath	A NW
Würselen	A NW
Würzburg	S Ba
Wulfen	A NW
Wulmstorf	A Nds
Wunsiedel	A Ba
Wunstorf	A Nds
Wuppertal	S NW
Wyk auf Föhr	A Schl

Z

Zell a. Neckar	A BW
Zell	A Rh
Zell a. Main	A Ba
Zeppelinheim	S He
Zetel	
nur Anlagen	
der Bundeswehr	A Nds
Zeven	A Nds
Ziegelhausen	A BW
Zirndorf	A Ba
Zons	A NW
Zorge	A Nds
Zweibrücken	S Rh
Zwischenahn	
nur Gemeindeteil	
Zwischenahn Bad,	
Bundeswehrlazarett	
Bad Zwischenahn	
und Oldenburgisches	
Landeskrankenhaus	
Wehnen	A Nds

Das Ortsklassenverzeichnis

Berichtigung

Das Ortsklassenverzeichnis

Betriebswirtschaftlicher Verlag Dr. Th. Gabler GmbH, Wiesbaden

Springer Fachmedien Wiesbaden GmbH

Berichtigung zum Ortsklassenverzeichnis

Ort	Kreis	Ortsklasse bisher:	Ortsklasse neu:
Baden-Württemberg			
Aich	Nürtingen	B	A
Auingen	Münsingen	B	A
Bebenhausen	Tübingen	B	A
Beinstein	Waiblingen	B	A
Beizkofen nur Anlagen der Bundeswehr	Saulgau	B	A
Biberach	Heilbronn	B	A
Bittenfeld	Waiblingen	B	A
Blaubeuren	Ulm	B	A
Boll	Göppingen	B	A
Bonlanden auf den Fildern	Eßlingen	B	A
Dagersheim	Böblingen	B	A
Degerschlacht	Reutlingen	B	A
Daißlingen nur Bahnhof Trossingen Bf.	Rottweil	B	A
Dornstadt	Ulm B z. T.	A	A
nur Anlagen der Bundeswehr		A	S
Erlenbach	Heilbronn	B	A
Flein	Heilbronn	B	A
Gengenbach	Offenburg	B	A
Geradstetten	Waiblingen	B	A
Grötzingen	Nürtingen	B	A
Großbettlingen	Nürtingen	B	A
Großgartach	Heilbronn	B	A
Haltingen	Lörrach	B	A
Herbolzheim	Emmendingen	B	A
Herlazhofen nur Anlagen der Bundeswehr	Wangen im Allgäu	B	A
Hirschlanden	Leonberg	B	A
Hochberg	Ludwigsburg	B	A
Hockenheim	Mannheim	B	A
Horkheim	Heilbronn	B	A
Hügelsheim nur Wohnsiedlung Flugplatz Söllingen	Rastatt	B	A
Ispringen	Pforzheim	B	A
Klingenberg	Heilbronn	B	A
Konstanz	Konstanz	A	S
Kreßbronn am Bodensee	Tettnang	B	A
Laupheim	Biberach	B	A
Leutkirch	Wangen	B	A
Lörrach	Lörrach	A	S
Malsch	Karlsruhe	B	A
Mössingen	Tübingen	B	A
Neckargröningen	Ludwigsburg	B	A
Neckarrems	Ludwigsburg	B	A
Obereisesheim	Heilbronn	B	A
Pfullendorf	Überlingen	B	A

Ort	Kreis	Ortsklasse bisher:	neu:
Philippsburg	Bruchsal	B	A
Riedlingen	Saulgau	B	A
Rommelsbach	Reutlingen	B	A
Schnait	Waiblingen	B	A
Schmiden	Waiblingen	A	S
Untergruppenbach	Heilbronn	B	A
Villingen im Schwarzwald	Villingen	A	S
Weil am Rhein	Lörrach	A	S
Zizishausen	Nürtingen	B	A
Bayern			
Attel nur Nervenkrankenhaus Gabersee und Bahnhof Wasserburg (Inn) Bf.	Wasserburg am Inn	B	A
Bernau am Chiemsee	Rosenheim	B	A
Burgweinting	Regensburg	B	A
Chieming	Traunstein	B	A
Degerndorf am Inn	Rosenheim	B	A
Donaustauf	Regensburg	B	A
Eichenau	Fürstenfeldbruck	B	A
Eschenbach in der Oberpfalz	Eschenbach i. d. Oberpf.	B	A
Feuchtwangen	Feuchtwangen	B	A
Fischbach bei Nürnberg ohne Gemeindeteil Birnthon	Nürnberg	A	S
Gaißbach nur Kleinkinderheilstätte	Bad Tölz	B	A
Garching bei München	München	A z. T. S	S
Gauting	Starnberg	A	S
Gemünden am Main	Gemünden am Main	B	A
Gersthofen	Augsburg	A	S
Glattbach	Aschaffenburg	B	A
Goldbach	Aschaffenburg	B	A
Graß	Regensburg	B	A
Grünthal	Regensburg	B	A
Haibach	Aschaffenburg	B	A
Hösbach	Aschaffenburg	B	A
Hofheim in Unterfranken	Hofheim i. Unterfr.	B	A
Kareth	Regensburg	B	A
Karlstein	Berchtesgaden	A	S
Kissing	Friedberg	B	A
Kneiting	Regensburg	B	A
Königssee	Berchtesgaden	B	A
Lanz nur Versorgungskrankenhaus Wöllershof	Neustadt a. d. Waldnaab	B	A
Lappersdorf	Regensburg	B	A
Laufen	Laufen	B	A
Mailing nur Autobahnmeisterei Ingolstadt	Ingolstadt	B	A
Mainburg	Mainburg	B	A

Ort	Kreis	Ortsklasse bisher:	Ortsklasse neu:
Meierhof nur Autobahnmeisterei Münchberg	Münchberg	B	A
Nabburg	Nabburg	B	A
Neunburg vorm Wald	Neunburg vorm Wald	B	A
Neunhof	Fürth	B	A
Neustadt an der Waldnaab	Neustadt a. d. Waldnaab	B	A
Oberalting-Seefeld	Starnberg	B	A
Oberisling	Regensburg	B	A
Obernau nur Streckenaufsichtsbezirk und Bauhof der Wasser- und Schiffahrtsverwaltung	Aschaffenburg	A	S
Oerlenbach	Bad Kissingen	B	A
Pentling	Regensburg	B	A
Percha	Starnberg	B	A
Pfronten	Füssen	B	A
Poing	Ebersberg	B z. T. A	A
Röthenbach an der Pegnitz	Lauf a. d. Pegnitz	B	A
Schwaig bei Nürnberg	Nürnberg	A	S
Schwarzenbruck	Nürnberg	B	A
Sinzing	Regensburg	B	A
Tegernheim	Regensburg	B	S
Töging am Inn	Altötting	B	A
Unterwössen	Traunstein	B	A
Waldsassen	Tirschenreut	B	A
Weißenhorn	Neu-Ulm	B	A
Zorneding	Ebersberg	B	A
Hessen			
Allendorf	Marburg	A	S
Aßlar	Wetzlar	B	A
Bebra	Rotenburg	B	A
Camberg	Limburg	B	A
Eddersheim	Maintaunus	B	A
Haiger	Dill	B	A
Homberg, Bezirk Kassel	Fritzlar-Homberg	B	A
Ihringshausen nur Anlagen des Bundesgrenzschutzes	Kassel	A	S
Köppern	Obertaunus	B	A
Lämmerspiel	Offenbach	B	A
Lorch nur Anlagen der Bundeswehr	Rheingau	B	A
Lorsbach	Maintaunus	B	A
Mengeringhausen	Waldeck	B	A
Michelbach/Nassau	Untertaunus	B	A
Neustadt	Marburg	B z. T. A	A
Nieder-Roden	Dieburg	B	A
Nordenstadt	Maintaunus	B	A
Ober-Ramstadt	Darmstadt	B	A
Schlangenbad	Untertaunus	B z. T. A	A
Seligenstadt	Offenbach	B	A

Ort	Kreis	Ortsklasse bisher:	neu:
Sontra	Rotenburg	B	A
Sooden-Allendorf, Bad	Witzenhausen	B	A
Steinau	Fulda	B	A
Treysa	Ziegenhain	B	A
Urberach	Dieburg	B	A
Wallau	Biedenkopf	B	A
Niedersachsen			
Ahlem	Hannover	A	S
Altenau	Zellerfeld	B	A
Altenwalde	Land Hadeln	B	A
Bechtsbüttel nur Bahnhof Wenden-Bechtsbüttel	Gifhorn	B	A
Ehra-Lessien nur Anlagen der Bundeswehr	Gifhorn	B	A
Engelbostel	Hannover	B	A
Fürstenau	Bersenbrück	B	A
Garbsen	Neustadt a/Rbge.	B	A
Geismar	Göttingen	B	S
Godshorn	Hannover	B	A
Göttingen	kreisfrei	A	S
Grone	Göttingen	A	S
Großenkneten	Oldenburg	B z. T. A	A
Hemmingen-Westerfeld	Hannover	A	S
Krähenwinkel	Hannover	B	A
Loga	Leer	B	A
Lohnde	Hannover	B	A
Lübberstedt nur Bahnhof	Wesermünde	B	A
Ronnenberg	Hannover	B	A
Sankt Andreasberg	Zellerfeld	B z. T. A	A
Weende	Göttingen	A	S
Weetzen	Hannover	B	A
Wettbergen	Hannover	B	A
Nordrhein-Westfalen			
Ascheberg	Lüdinghausen	B	A
Bardenberg	Aachen	B z. T. A	A
Bürbach	Siegen	B	A
Büttgen	Grevenbroich	A	S
Burbach	Siegen	B	A
Deuz	Siegen	B	A
Diersfordt	Rees	B	A
Dreiborn nur Anlagen der Bundeswehr	Schleiden	B	A
Dremmen	Selfkant Geilenkirchen-Heinberg	B	A
Eggerscheidt	Düsseldorf-Mettmann	B	A
Elmpt	Erkelenz	B	A

Ort	Kreis	Ortsklasse bisher:	neu:
Elten[1])	Rees	—	A
Ennepetal	Ennepe-Ruhr	A	S
Erkrath	Düsseldorf-Mettmann	A	S
Frixheim-Anstel	Grevenbroich	B	A
Geisecke	Iserlohn	B	A
Geisweid[2])	Siegen	A	S
Gemen, Stadt	Borken	B	A
Gevelsberg	Ennepe-Ruhr	A	S
Glehn	Grevenbroich	B	A
Granterath	Erkelenz	B	A
Hahlen	Minden	B z. T. S	A
nur Schule Minderheide bei Minden		unverändert	S
Halingen	Iserlohn	B	A
Hemer	Iserlohn	A	S
Hürth	Köln	A	S
Kerpen	Bergheim (Erft)	B	A
Kornelimünster	Aachen	B	A
Kosler	Jülich	B	A
Kückhoven	Erkelenz	B	A
Laasphe	Wittgenstein	B	A
Lammersdorf nur Anlagen der Bundeswehr	Monschau	B	A
Lendersdorf-Krauthausen	Düren	B	A
Lessenich	Bonn	B	A
Leuth nur Zollamt und Grenzschutzstelle Schwanenhaus	Kempen-Krefeld	B	A
Linnich	Jülich	B	A
Lüdinghausen, Stadt[3])	Lüdinghausen	unverändert	A
Massen	Unna	A	S
Merzenich	Düren	B	A
Monheim	Rhein-Wupper	A	S
Nettesheim-Butzheim	Grevenbroich	B	A
Oedingen	Meschede	B	A
Oekoven	Grevenbroich	B	A
Osterath	Kempen-Krefeld	A	S
Ratingen	Düsseldorf-Mettmann	A	S
Rees	Rees	B	A
Rheidt	Sieg	B	A
Rommerskirchen	Grevenbroich	B	A
Sassenberg	Warendorf	B	A
Sassendorf, Bad	Soest	B	A
Schermbeck	Rees	B	A
Senden	Lüdinghausen	B	A
Siegburg-Mülldorf	Sieg	A	S
Soest	Soest	A	S
Theesen	Bielefeld	B	A

[1]) Mit Wirkung vom 1. August 1963.
[2]) Namensänderung der bisherigen Gemeinde Klafeld.
[3]) Klarstellung durch Zusatz „Stadt".

Ort	Kreis	Ortsklasse bisher:	neu:
Villigst	Iserlohn	B	A
Vilsendorf	Bielefeld	B	A
Weddinghofen	Unna	A	S
Werl	Soest	A	S
Westernkotten, Bad	Lippstadt	B	A
Winz nur Anlagen der Ruhrschiffahrtsverwaltung	Ennepe-Ruhr	A	S
Rheinland-Pfalz			
Baumholder einschließlich Gutsbezirk Baumholder	Birkenfeld	A	S
Büchenbeuren nur Vermittlungsstelle der Bundespost	Zell (Mosel)	B	A
Frankenthal (Pfalz)	kreisfrei	A	S
Gerolstein	Daun	B	A
Hermeskeil	Trier	B	A
Hohenecken	Kaiserslautern	B	A
Lautzenhausen nur Dienststelle der Bundespost auf dem Flugplatz Hahn	Zell (Mosel)	B	A
Marienberg (Westerwald)	Oberwesterwald	B	A
Mutterstadt	Ludwigshafen	B	A
Rüdesheim	Bad Kreuznach	B	A
Sankt Goarshausen	Loreley	B	A
Scheuerfeld	Altenkirchen	B	A
Staffel nur Dienststelle der Bundespost	Ahrweiler	B	A
Schleswig-Holstein			
Altenholz	Eckernförde	A	S
Appen	Pinneberg	B z. T. S	S
Avendorf	Oldenburg (Holstein)	B	A
Bannesdorf	Oldenburg (Holstein)	B	A
Boostedt	Segeberg	B z. T. A	A
Bünningstedt	Stormarn	B	A
Burg (Fehmarn)	Oldenburg (Holstein)	B	A
Dänischenhagen	Eckernförde	B z. T. S	S
Dänschendorf	Oldenburg (Holstein)	B	A
Egenbüttel	Pinneberg	B	A
Engelbrechtsche Wildnis nur Marinelazarett Glückstadt	Steinburg	B	A
Großenbrode	Oldenburg (Holstein)	B	A
Heikendorf	Plön	A z. T. S	S
Hoisdorf	Stormarn	B	A
Immenstedt	Husum	B z. T. A	A
Jübek	Schleswig	B	A
Laboe	Plön	B z. T. S	S
Landkirchen	Oldenburg (Holstein)	B	A

Ort	Kreis	Ortsklasse bisher:	neu:
Löwenstedt nur Anlage der Bundeswehr	Husum	B	A
Lütjenburg	Plön	B	A
Meeschendorf (Fehmarn)	Oldenburg (Holstein)	B	A
Ording	Eiderstedt	B	A
Petersdorf (Fehmarn)	Oldenburg (Holstein)	B	A
Schleswig	Schleswig	A	S
Schwedeneck	Eckernförde	B z. T. A	A
Schwesing	Husum	B z. T. A	A
Strande	Eckernförde	B	A
Trappenkamp	Segeberg	B	A

GPSR Compliance
The European Union's (EU) General Product Safety Regulation (GPSR) is a set of rules that requires consumer products to be safe and our obligations to ensure this.

If you have any concerns about our products, you can contact us on

ProductSafety@springernature.com

In case Publisher is established outside the EU, the EU authorized representative is:

Springer Nature Customer Service Center GmbH
Europaplatz 3
69115 Heidelberg, Germany

www.ingramcontent.com/pod-product-compliance
Ingram Content Group UK Ltd.
Pitfield, Milton Keynes, MK11 3LW, UK
UKHW021502031026
15588UKWH00002B/958

* 9 7 8 3 6 6 3 1 2 7 1 8 5 *